baby bullfrogs

spoonbills

starlings

For John and Milo

The children featured in this book are from the Luo tribe of south-west Kenya.

The wild creatures are the Citrus Swallowtail (butterfly), Striped Grass Mouse,
Yellow-headed Dwarf Gecko, Beautiful Sunbird, Armoured Ground Cricket,
(young) African Bullfrog, African Spoonbill and Superb Starling.

The author would like to thank everyone who helped her research this book,
in particular Joseph Ngetich from the Agricultural Office of the Kenya High Commission.

Text and illustrations copyright © 2002 Eileen Browne
Dual Language copyright © 2003 Mantra Lingua
This edition published 2012
Published by arrangement with Walker Books Limited
London SE11 5HJ

British Library Cataloguing in Publication Data:
a catalogue record for this book is available from the British Library.

Published by
Mantra Lingua
Global House, 303 Ballards Lane, London N12 8NP
www.mantralingua.com

La poule de Handa
Handa's Hen

Eileen Browne

French translation by Cécile Desbordes

Mantra Lingua

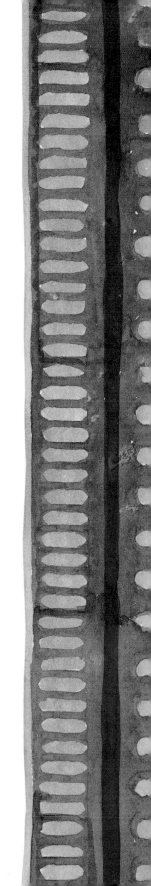

La grand-mère de Handa avait une poule noire.
Elle s'appelait Mondi – et tous les matins,
Handa lui donnait son petit-déjeuner.

Handa's grandma had one black hen.
Her name was Mondi - and every morning
Handa gave Mondi her breakfast.

Un jour, Mondi ne vint pas chercher son repas.
« Grand-mère ! » dit Handa. « Sais-tu où est Mondi ? »
« Non » lui répondit Grand-mère. « Mais voici ton amie. »
« Akeyo ! » appela Handa. « Aide-moi à trouver Mondi. »

One day, Mondi didn't come for her food. "Grandma!" called Handa. "Can you see Mondi?"
"No," said Grandma. "But I can see your friend."
"Akeyo!" said Handa. "Help me find Mondi."

Handa et Akeyo cherchèrent dans le poulailler.
« Regarde ! Deux papillons voletants » dit Akeyo.
« Mais où est Mondi ? » dit Handa.

Handa and Akeyo hunted round the hen house.
"Look! Two fluttery butterflies," said Akeyo.
"But where's Mondi?" said Handa.

Elles regardèrent en dessous d'un stock de céréales.
« Chhh ! Trois souris rayées » dit Akeyo.
« Mais où est Mondi ? » dit Handa.

They peered under a grain store.
"Shh! Three stripy mice," said Akeyo.
"But where's Mondi?" said Handa.

Elles jetèrent un coup d'œil derrière des pots en argile.
« Je vois quatre petits lézards » dit Akeyo.
« Mais où est Mondi ? » dit Handa.

They peeped behind some clay pots.
"I can see four little lizards," said Akeyo.
"But where's Mondi?" said Handa.

Elles cherchèrent derrière des arbres en fleurs.
« Cinq magnifiques souimangas » dit Akeyo.
« Mais où est Mondi ? » dit Handa.

They searched round some flowering trees.
"Five beautiful sunbirds," said Akeyo.
"But where's Mondi?" said Handa.

Elles regardèrent dans l'herbe haute et ondulée.
« Six grillons sauteurs ! » dit Akeyo. « Attrapons-les. »
« Je veux trouver Mondi » dit Handa.

They looked in the long, waving grass.
"Six jumpy crickets!" said Akeyo. "Let's catch them."
"I want to find Mondi," said Handa.

Elles descendirent jusqu'au point d'eau.
« Des bébés grenouilles taureaux » dit Akeyo, « Il y en a sept ! »

They went all the way down to the water hole.
"Baby bullfrogs," said Akeyo. "There are seven!"

« Mais où est ... Oh ! Regarde ! Des empreintes ! » dit Handa.
Elles suivirent les empreintes et trouvèrent ...

"But where's ... oh look! Footprints!" said Handa.
They followed the footprints and found ...

« Juste des spatules » dit Handa. « Sept … non, huit.
Mais où est donc Mondi ? »

"Only spoonbills," said Handa. "Seven … no, eight.
But where, oh where is Mondi?"

« J'espère qu'elle n'a pas été avalée par une spatule » –
ou mangée par un lion » dit Akeyo.

"I hope she hasn't been swallowed by a spoonbill -
or eaten by a lion," said Akeyo.

Toutes tristes, elles se mirent en route vers la maison de grand-mère.
« Neuf étourneaux brillants – là-bas ! » s'écria Akeyo.

Feeling sad, they went back towards Grandma's.
"Nine shiny starlings - over there!" said Akeyo.

« Ecoute » dit Handa. tchip tchip « Qu'est-ce que c'est ? »

tchip tchip   tchip tchip   tchip tchip   tchip tchip

« Ça vient de ce buisson – si on y jetait un œil ? »

"Listen," said Handa. cheep cheep "What's that?"

cheep cheep   cheep cheep   cheep cheep   cheep cheep

"It's coming from under that bush. Shall we peep?"

Handa, Akeyo, Mondi et dix poussins

Handa, Akeyo, Mondi and ten chicks

se précipitèrent à toute vitesse en sautillant vers la maison de grand-mère ...

hurried and scurried and skipped back to Grandma's…

où ils prirent tous ensemble un petit-déjeuner bien tardif.

where they all had a very late breakfast.

hen

butterflies

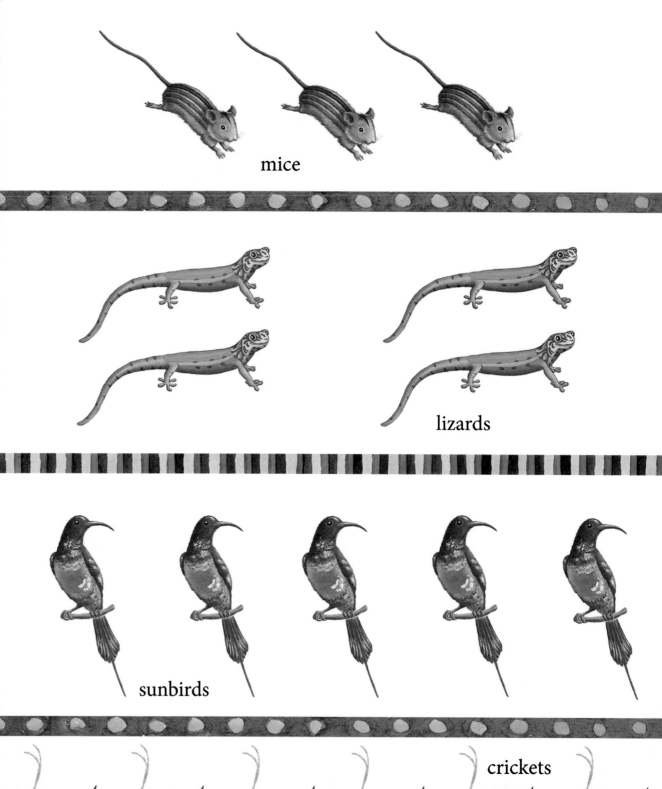

mice

lizards

sunbirds

crickets

baby bullfrogs

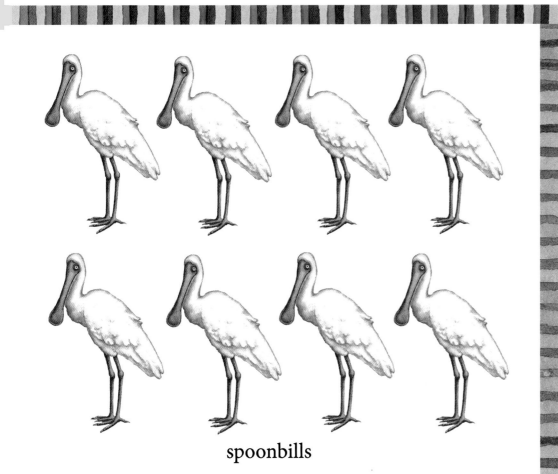

spoonbills

starlings

chicks

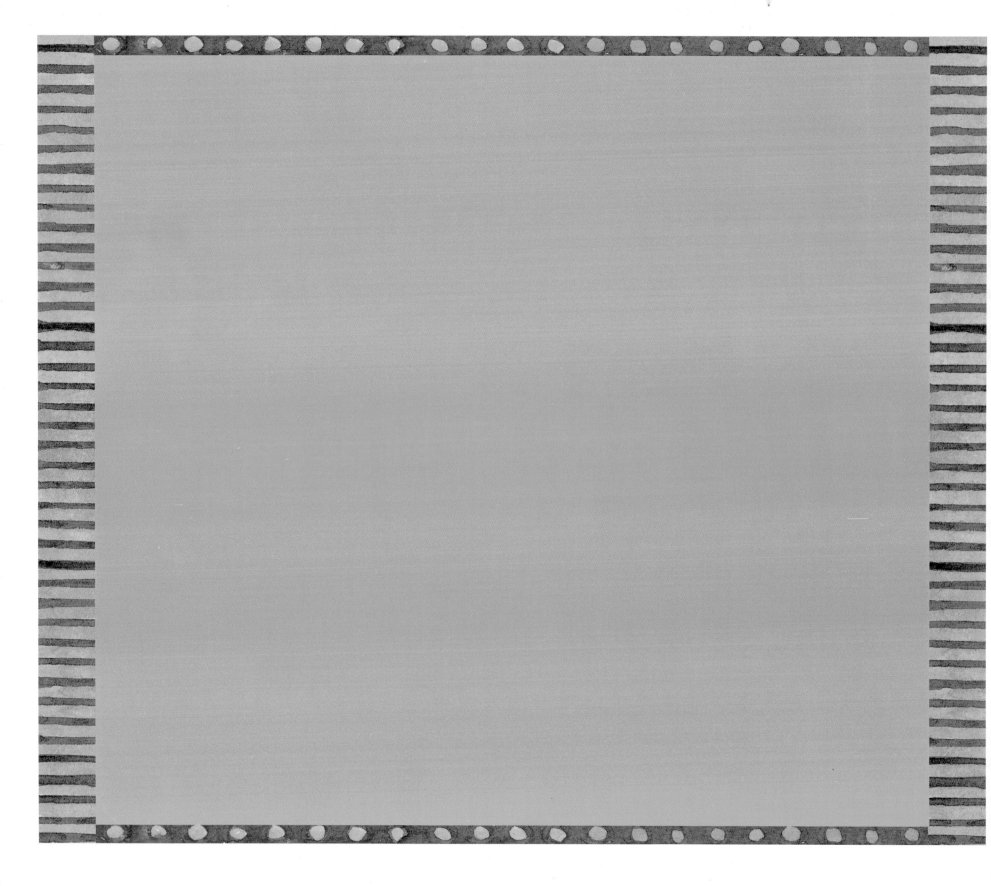